Trees Must Grow So We Can Live

Sometimes we argue about different things, like about "what came first, the chicken or the egg?"

Most of these arguments don't have a clear answer, because people want to believe their side of the story.

The key to solving problems like these is the truth.
The truth is a fact that anyone can recognize.
There is no more or less.

When we think about nature and civilization with the standard of truth, what do you think is the more important hub in the world? Anything can be made by people, and then value is created. Therefore, we think people are first.

Nature and civilization are on opposite sides.

However, we live together in nature's realm.
It is called coexistence. We must learn to live together by helping and relying on each other.

In fact, arguing about what should come first, nature or civilization is useless.

Without nature, human beings values are meaningless.

Sometimes we are forced to answer the question about whether nature or civilization is more important.

Human beings are animals leasing the earth. Therefore we can't live without nature. Nature gets more productive as civilization gets more distant.

This is the universal truth.

Nature is all around us, but there are many things we take for granted from nature.

This book shows green plants as a representation of nature and tells us about their connection with civilization.

We hope you feel the same sympathy and get to know about precious nature.

Nature is all around us!

In the Text

1. The most annoying fellow in the world
2. Plants transition
3. Rare trees, queer names
4. Nutrition from all kinds of plants
5. There are no trees without fallen leaves
6. Trees are thinking
7. Plants pay a high tax to live
8. Nature and civilization
9. Eco-friendly businesses

나무가
자라야
사람도 살지!

풀과바람 환경생각 04

나무가 자라야 사람도 살지!
Trees Must Grow So We Can Live

1판 1쇄 | 2015년 3월 19일
1판 6쇄 | 2022년 4월 25일

글 | 김남길
그림 | 마이신

펴낸이 | 박현진
펴낸곳 | (주)풀과바람
주소 | 경기도 파주시 회동길 329(서패동, 파주출판도시)
전화 | 031)955-9655~6
팩스 | 031)955-9657
출판등록 | 2000년 4월 24일 제20-328호
블로그 | blog.naver.com/grassandwind
이메일 | grassandwind@hanmail.net

편집 | 이영란
디자인 | 김성연
마케팅 | 이승민

ⓒ 글 김남길, 그림 마이신, 2015

이 책의 출판권은 (주)풀과바람에 있습니다.
저작권법에 의해 보호를 받는 저작물이므로 무단 전재와 복제를 금합니다.

값 11,000원
ISBN 978-89-8389-597-4 73480

※ 잘못 만들어진 책은 구입처에서 바꾸어 드립니다.

이 도서의 국립중앙도서관 출판예정도서목록(CIP)은 서지정보유통지원시스템 홈페이지(seoji.nl.go.kr)와 국가자료공동목록시스템(www.nl.go.kr/kolisnet)에서 이용하실 수 있습니다. (CIP제어번호 : CIP2015005313)

제품명 나무가 자라야 사람도 살지!	제조자명 (주)풀과바람	제조국명 대한민국	⚠ 주의
전화번호 031)955-9655~6	주소 경기도 파주시 회동길 329		어린이가 책 모서리에
제조년월 2022년 4월 25일	사용 연령 8세 이상		다치지 않게 주의하세요.
KC마크는 이 제품이 공통안전기준에 적합하였음을 의미합니다.			

나무가 자라야 사람도 살지!

김남길 글 | 마이신 그림

풀과바람

머리글

　우리는 서로 입장이 다를 때, '닭이 먼저냐, 알이 먼저냐?'를 놓고 입씨름합니다. 대부분 결론을 내리지 못 하고 끝나는 경우가 많지요. 자기주장을 각자 유리한 쪽으로 해석하기 때문이에요.

　이러한 문제를 해결하는 열쇠는 '진리'입니다. 진리는 누구나 인정할 수밖에 없는 '빼지도 더하지도 못하는 진실'이니까요.

　그 진리를 기준 삼아 '자연이 먼저냐, 문명이 먼저냐?'를 묻는다면, 여러분은 어느 쪽 편에 손을 들어 주고 싶은가요?

　자연은 문명의 간섭을 받지 않는 순수한 공간이에요. 사람이 거의 살지 않는 장소를 온전한 자연이라고 할 수 있습니다.

　문명의 기준은 "사람 나고 돈 났지 돈 나고 사람 났나."가 중심입니다. 무엇이든 사람에 의해 만들어져야 가치가 생기므로 사람이 먼저라는 의미이지요. 따라서 자연과 문명은 정반대의 세계에 있는 거예요.

　그런데 우리는 자연과 문명이 한데 뭉쳐 있는 공간에 모여 살고 있습니다. 이를 '공존'이라고 하지요. 공존은 서로 돕고 의지하며 함께 살아가는 것을 말해요.

　사실 사람의 입장에서 '자연이 먼저냐, 문명이 먼저냐?'를 따지기 어려운 상황이지요. 문명이 없는 자연에서는 사람의 존재 가치가 무의미하니까요.

그러나 우리는 '자연과 문명 중에서 어떤 것이 더 중요한 것인가?'라는 물음에는 답할 수 있어야 합니다. 사람은 자연에 세 들어 사는 동물로 자연이 없으면 살 수 없어요. 자연은 문명과 거리가 멀수록 더욱 풍요로워지고요. 이것이 보편적인 진리입니다.

자연은 우리 주위에서 흔하게 만나는 환경이에요. 우리는 흔한 것들을 지나치게 소홀히 대하는 경우가 많습니다.

이 책에서는 자연을 대표하는 녹색 식물과 문명에 관한 이야기를 다루었어요. 여러분도 공감하며 자연의 소중함을 알았으면 해요.

김남길

차례

1. 세상에서 가장 귀찮은 막내   08
2. 식물의 천이   22
3. 별난 나무 별난 이름   36
4. 단백질은 모든 식물에서   52
5. 잎이 지지 않는 나무는 없어요   60
6. 나무도 생각해요   68

7. 식물은 비싼 세금을 내고 살아요　　82

8. 자연과 문명　　88

9. 친환경 사업　　98

숲 환경 상식 퀴즈　　106

숲 환경 단어 풀이　　108

1. 세상에서 가장 귀찮은 막내

아주 특별한 동물

여러분에게 아주 특별한 동물을 소개합니다. 이 동물은 지구에서 가장 늦게 출현한 포유류입니다. 몸에 털이 부스스 나 있고 두 다리로 걸어다녔습니다.

그 동물은 대대로 자손을 길러내어 후손들을 온 세상에 퍼뜨렸어요. 후손들은 진화를 거치는 동안 차츰차츰 털이 줄어들더니 나중에는 매끈한 몸매가 되었습니다.

자연은 그 동물이 다른 포유류와 다르게 아주 특별하다는 것을 알아차렸어요. 그래서 포유류 중에 가장 늦게 등장한 그 동물을 '막내'로 받아 주었습니다. 자연은 세상의 모든 동물을 가리지 않고 사랑과 정성으로 보살피는 어머니와 같았으니까요.

막내는 언제 보아도 사랑스럽고 귀여운 녀석이었어요. 자연은 막내를 보는 것만으로 즐겁고 흐뭇했지요. 막내는 그야말로 눈에 넣어도 안 아픈 귀염둥이였으니까요.

지구촌을 뒤집어 놓은 포유동물

자연의 생각은 보기 좋게 빗나갔습니다. 막내는 보통내기가 아니었거든요. 녀석은 지구에 가장 늦게 나타난 포유동물이었음에도, 어찌 된 영문인지 동물 중에서 제일 똑똑했습니다. 머리가 발달해서 그런지 별난 재주를 잘 부렸어요.

큰 톱으로 쓱싹쓱싹 톱질하여 나무들을 베어내고, 뚝딱뚝딱 망치질하여 거대한 건물들을 순식간에 지어냈거든요.

 어느 날은 땅의 경계를 나누더니 말뚝을 박자마자 숲 하나를 통째로 날려 버렸어요. 허구한 날 사방에 다이너마이트를 터뜨려 바위를 깨뜨리고, 부수고, 무너뜨리고, 할퀴며 상처를 냈습니다.

자연은 몸이 망가져 쑤시고 아파서 죽을 지경이었어요. 막내가 얼마나 괘씸했는지 몰라요. 막내에게 땅을 함부로 사용해도 된다고 허락해 준 적이 한 번도 없었거든요. 자연은 막내가 무슨 일을 저지를 때마다 깜짝깜짝 놀라서 가슴이 철렁철렁 내려앉았어요.

하지만 어쩌겠어요. 사랑스러운 막내는 자연이 두고두고 끌어안고 가야 할 자식이었는걸요. 자연은 막내를 조금 더 지켜보기로 했습니다. 막내는 어머니의 아픔 따위에는 관심이 없었어요. 하루하루 앞만 보고 달리며 뚝딱거리기만 했습니다.

그 사이 막내는 자기 무리를 무려 70억 마리 가까이 늘려 놓았어요. 그 바람에 지구촌에서는 더 많은 다이너마이트가 터지고, 더 많은 나무가 쓰러지게 되었답니다.

자연 파괴의 주범은 귀염둥이

자연은 갑자기 변해 버린 세상이 시끄럽고, 더럽고, 냄새나고, 어지러워서 짜증이 났습니다. 당장 막내를 혼내 주고 싶었지만, 마음이 뒤따라 주지 않았어요. 막내는 누가 뭐래도 어머니가 보살펴 주어야 할 철없는 귀염둥이였으니까요.

자연은 혼자서 끙끙 앓았어요. 철없고 성가신 막내에게 고작 해 줄 수 있는 것이라고는 적당한 이름을 지어 주는 것뿐이었죠.

그 이름은 '세상에서 가장 귀찮은 막내'였답니다.

세상에서 가장 귀찮은 막내는 날이 갈수록 얄밉고, 비열하고, 간사하고, 악랄하게 변했어요. 오직 자기밖에 모르는 삶을 살며 어머니의 가슴에 못을 박고 다녔지요.

가령 다람쥐, 두더지, 여우, 늑대와 같은 다른 포유류들은 삶의 보금자리를 얻기 위해 굴을 파지요. 그 굴은 땅속의 공기를 잘 통하게 하여 식물이 무럭무럭 자라나는 데 도움을 주어요.

곰이나 호랑이와 같은 포유류는 자연 상태의 동굴을 그대로 보금자리로 이용합니다. 자연을 해치기는커녕 스스로 자연 지형을 보존하며 살아가는 거예요.

우리의 보금자리가 줄어들고 있어.

그러나 세상에서 가장 귀찮은 막내는 달랐어요. 필요한 것을 얻기 위해 자연을 마구 파헤쳐 다른 동물들이 살 수 없는 환경으로 바꾸어 놓았지요. '개발'이라는 이름으로 나무를 쓰러뜨린 뒤, 땅속에 들어 있는 온갖 광물질을 파헤쳐 가져갔어요.

그 때문에 수많은 동물은 삶의 터전을 잃은 채 쫓겨났어요. 순식간에 동물들의 먹이 사슬마저 끊어져 힘겨운 삶을 살아가게 되었고요. 자연을 해치는 데 앞장서는 이 포유류는 더불어 살기보다는 자기의 욕심을 채우기에 바빴답니다.

여러분, 세상에서 가장 귀찮은 막내로 살아가며 지금도 철없이 까불고 막무가내로 행동하는 이 귀염둥이는 누구인가요?

인류의 진화

인류는 뇌의 크기와 함께 진화했습니다. 뇌가 커질수록 생각 주머니도 발달하여 우수한 동물로 거듭나게 되었지요. 인류는 점점 커지는 뇌를 통하여 불의 이용법, 도구의 개발, 사냥 기술 등을 발달시켰습니다.

커진 뇌는 인류의 지능을 높여 주고 활동량도 늘어나게 하여 신체적으로 우수한 종을 탄생시키는 결과를 가져왔답니다.

인류의 진화 과정을 살펴볼까요?

최초로 인류의 조상이 발견된 곳은 아프리카입니다. 500~100만 년 전 '오스트랄로피테쿠스(남방의 원숭이)'가 탄생했지요. 약 200만 년 전에는 '호모 하빌리스(손 쓴 사람)'가 등장했고요. 두 인류는 구부정한 상태에서 두 다리로 걸었고, 호모 하빌리스의 뇌 용량은 530~800cc 정도였답니다.

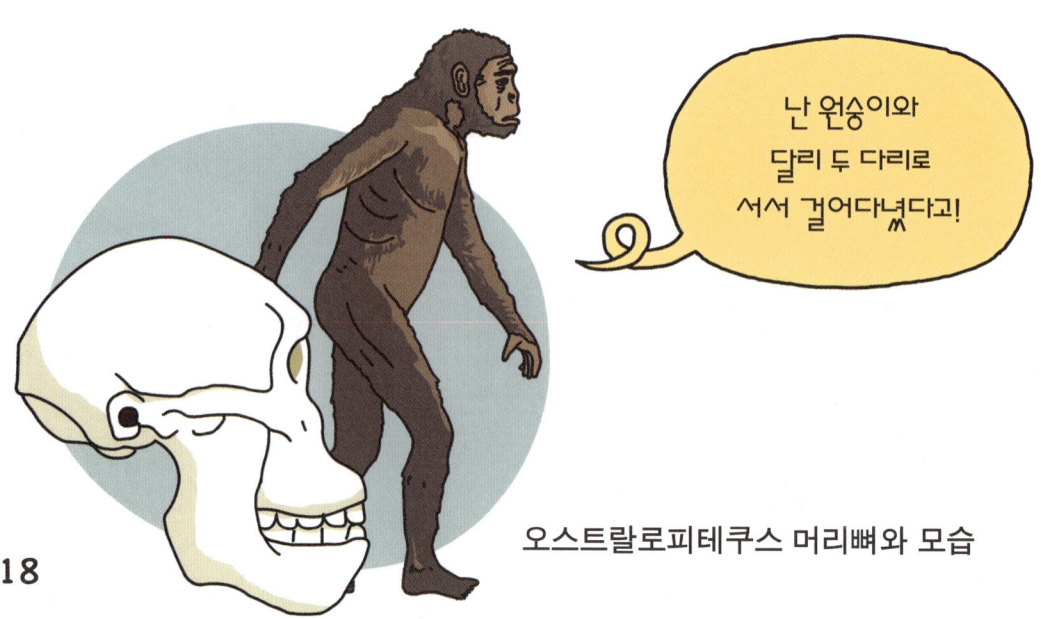

오스트랄로피테쿠스 머리뼈와 모습

'호모 에렉투스'는 170~30만 년 전에 등장한 인류로 '똑바로 선 사람'을 일컫습니다. 자바 원인(原人), 베이징 원인, 하이델베르크인이 이 부류에 속하지요. 호모 에렉투스는 불과 손도끼를 사용했던 조상으로 뇌의 용량은 900~1100cc 정도예요.

'호모 사피엔스'는 '지혜 있는 사람'이라는 뜻으로 20만 년 전에서 3만 5천 년 전에 탄생한 신인류입니다. 평균 키는 150센티미터 정도였고 뗀석기와 돌칼, 돌창 등의 도구를 개발해 사용했지요. 독일에서 발견된 네안데르탈인과 같은 인류로 보기도 합니다. 뇌의 용량은 1300~1600cc 정도랍니다.

'호모 사피엔스 사피엔스'는 3만 년 전에서 현재까지의 인류를 지칭하며 '매우 똑똑한 인류'를 뜻합니다. 크로마뇽인, 상동인, 그리말디인이 이 부류에 속하지요. 이들은 석기를 정교하게 다듬어 사용했고, 동굴에 벽화를 남기는 문화적인 생활도 했습니다. 뇌의 용량은 1500~1600cc쯤 되었답니다.

인류의 진화

오스트랄로피테쿠스　　　　호모 에렉투스

2. 식물의 천이

나무들이 빽빽하게 꽉 들어찬 자연을 '숲'이라고 합니다. 숲은 짧은 기간에 뚝딱 만들어지지 않아요. 자연 상태에서 크고 작은 식물들이 오랜 세월 동안 지각에 적응하여 튼튼한 유전자를 보존시켜야 숲으로 완성되지요.

식물은 황무지의 땅에서 작은 종부터 자라다가 점점 큰 종으로 바꿔치기의 과정을 거칩니다. 이를 식물의 '천이'라고 해요. 천이는 허허벌판이 숲으로 변천하는 과정입니다.

식물의 천이 과정을 이해하기 위해서는 간단하게 지구의 역사에 대해 알아두는 게 좋아요.

거대한 돌덩어리, 원시 지구

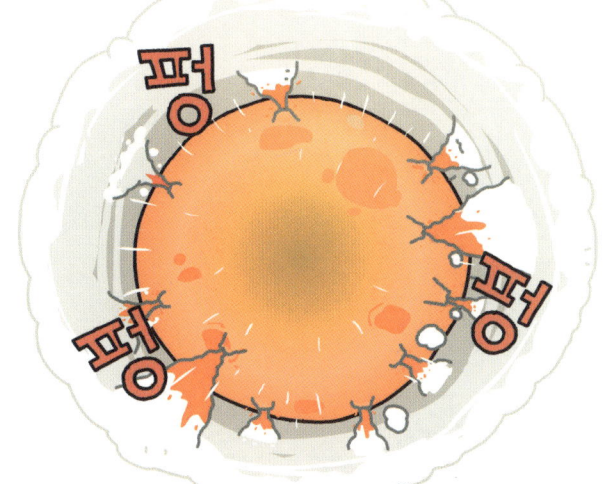

생물이 탄생하기 전의 지구는 화산 활동으로 지각이 온통 용암으로 들끓었어요. 대기는 수증기로 가득 차고 지각에는 뜨거운 산성비가 쏟아졌지요. 어마어마한 양의 빗물은 지각을 서서히 식히며 낮은 곳으로 흘러들었어요.

이때, 산성비가 암석 속에 있는 나트륨을 녹이며 짭짤한 상태로 흘렀어요. 그 빗물이 낮은 곳으로 찰랑찰랑 모여 거대한 바다를 이루었습니다.

바닷물에 잠기지 않은 지각은 육지와 섬으로 남아 바위투성이의 암석으로 바뀌었고요. 이처럼 물과 바위만 존재했던 초기의 지질 시대를 '원시 지구'라고 해요.

개척자의 시대

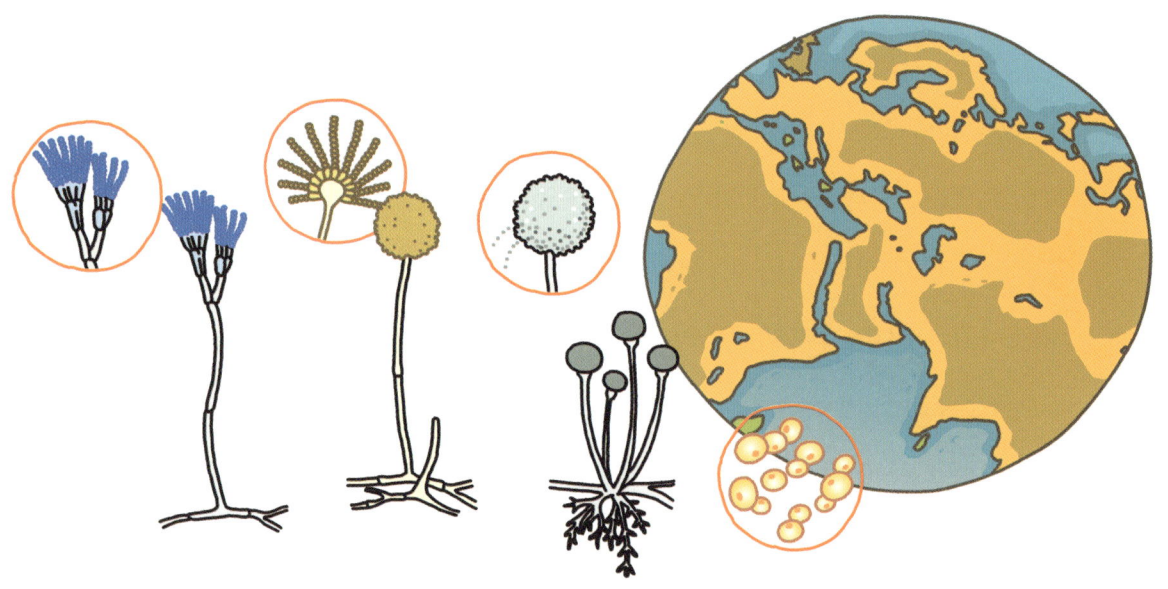

　식물의 천이는 원시 지구 이후에 등장한 개척자들에 의해서 시작됩니다. 식물의 개척자는 '지의류'와 '선태류'입니다.
　지의류는 바위 땅에 최초로 '옷을 입혀 준 생물'이라는 뜻이에요. 정확히 균류(곰팡이류)와 조류(녹조류나 남조류의 식물성 플랑크톤)가 짝을 이루어 탄생한 공동체 생물이지요.

균류는 실사로 수분을 모아 조류에게 제공하고, 조류는 광합성을 하여 균류에게 양분을 나눠 주지요. 두 종은 서로에게 꼭 필요한 것을 주고받는 상리 공생 관계에 있어요.

 선태류는 '최초 식물의 조상'이라는 의미로 이끼류를 말합니다. 이끼류는 스스로 광합성을 하여 양분을 만들고 물을 흡수했기에 최초의 식물이 되었지요.

 개척자들은 풍화 작용과 더불어 암석을 부드러운 흙으로 교체시키는 역할을 했어요. 대를 이어 단단한 바위를 부서뜨려 질 좋은 토양으로 바꾸어 놓았지요. 그래서 지의류와 선태류가 '개척자'의 명예를 차지하게 되었답니다.

식물의 1차 천이

개척자가 수억 년에 걸쳐 바위를 흙으로 보드랍게 만들어 놓으면 다른 식물이 그 자리를 빼앗으며 자리를 점령합니다.

가장 먼저 풀이 자라나 풀밭이나 초원으로 가꾸어 놓지요. 뒤이어 키 작은 관목이 등장하여 풀밭을 몰아냅니다. 관목은 햇빛에서 잘 자라는 양지나무(소나무)에게 다시 쫓겨나지요.

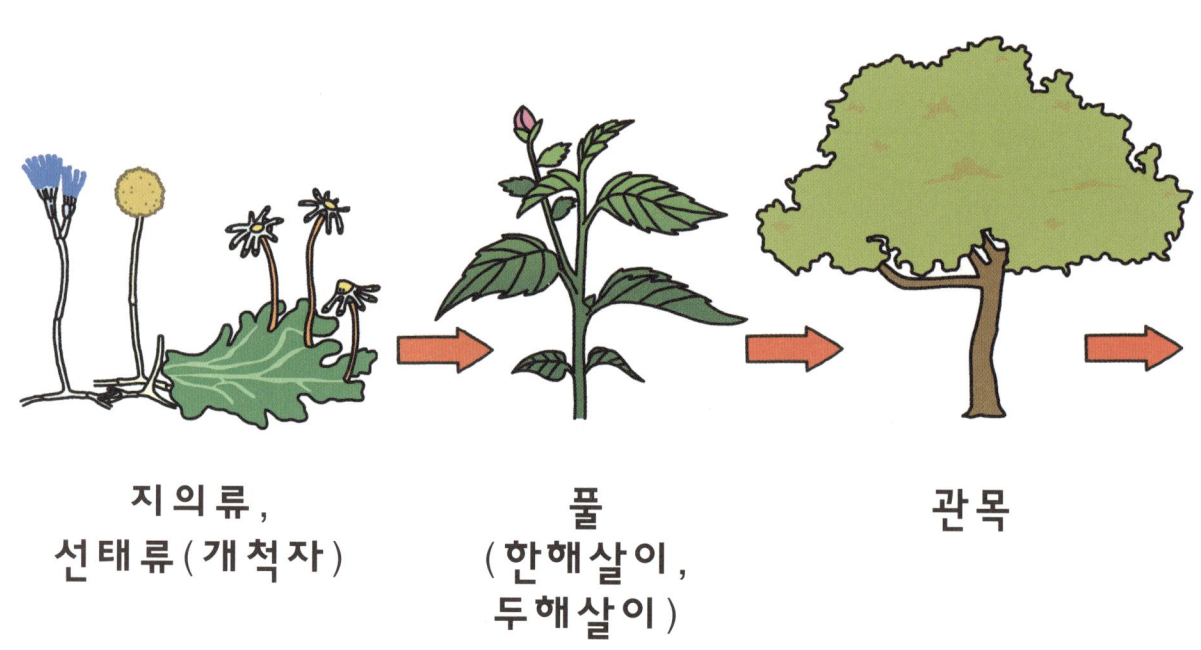

지의류, 선태류(개척자) → 풀(한해살이, 두해살이) → 관목 →

양지나무도 안전하지 못해요. 그늘에서 잘 자라는 음지나무(참나무)와 경쟁에서 지게 되어 자리를 내주게 됩니다.

식물이 이처럼 시간의 순서에 따라 개척자, 풀, 관목, 양수림, 음수림으로 자리바꿈하는 과정을 '1차 천이'라고 합니다.

양지나무   **음지나무**

식물의 2차 천이

식물의 2차 천이는 이미 개척 식물에 의해 개척이 끝난 땅에서 일어나는 자연의 변천입니다. 가령, 산불이나 산사태가 일어나면 그곳에서 자라던 식물들이 모두 사라집니다.

그 빈 땅에서는 개척자가 없는 상태에서 풀들이 먼저 자라나지요. 이어서 관목, 양수림, 음수림 순서로 숲이 차례차례 자리바꿈 합니다. 즉, 식물의 '2차 천이'는 현재 진행되고 있는 자연의 변화예요.

식물의 개척 지역, 툰드라

식물의 1차 천이는 과거 4억 만 년 전, 고생대 데본기에 이미 끝난 상태입니다. 데본기 이후부터 나타나는 식물의 천이는 모두 2차 천이라고 할 수 있어요.

그런데 지금도 지의류와 선태류에 의해 1차 천이가 진행되는 대규모 공간이 있습니다. 북반구의 '툰드라'입니다. 툰드라는 겨울이 길고 여름이 짧아 큰 식물들이 자라기 어려운 환경이에요. 겨우 개척자들만 적응한 채 살아가고 있지요.

툰드라에서 자라는 지의류와 선태류는 순록이 좋아하는 먹이입니다. 순록들은 해마다 새로 돋아나는 개척자들을 찾아 대이동을 하지요.

극지방에도 개척 식물이 살아요

남극과 북극은 녹색 식물과 거리가 먼 추운 지방이에요. 눈과 얼음이 주요 무대인 빙하 지역이니까요.

하지만 극지방에서도 개척자들은 꿋꿋하게 살아갑니다. 이끼류는 해안가 돌밭에 달라붙어서 끈질긴 생명력을 자랑하지요. 이끼류는 북극과 남극의 짧은 여름 동안에 자라서 대를 잇고 있답니다.

천이의 끝, 극상림

식물의 천이에서 최종적으로 한 종의 나무가 군락을 이루는 단계를 '극상림'이라고 합니다. 극상림을 이루는 나무는 모두 음지나무예요.

우리나라에서 음지나무를 대표하는 종은 참나무와 단풍나무입니다. 참나무 숲은 전국적으로 널려 있고, 단풍나무 숲은 설악산, 내장산, 오대산 등에 있습니다.

따라서 현재는 참나무와 단풍나무가 극상림을 이루는 경우가 많아요.

그런데 우리나라의 음지나무 중에서 가장 강한 것은 서어나무 종들입니다.

한국의 특산종인 '소사나무'도 서어나무의 일종인데, 해안가의 척박한 환경에서도 잘 자라는 특징이 있습니다. 영흥도의 십리포 해수욕장에 있는 소사나무 군락지는 바닷바람을 막아 주는 방풍림의 역할을 하고 있지요.

생명력이 질긴 서어나무가 참나무 숲이나 단풍나무 숲에 진출하면, 그 숲은 차츰차츰 서어나무 군락지로 자리바꿈이 이루어지지요.

지금 우리나라에 서어나무 종이 극상림을 이루고 있는 지역은 없습니다. 앞으로 우리의 산림이 자연 상태로 보존이 지속된다면 서어나무 종들이 극상림을 이루게 될 거예요.

퇴행 천이

천이가 자연적으로 이루어지는 것이라면, 퇴행 천이는 사람의 간섭 때문에 원점으로 돌아가는 천이를 말해요.

사람은 목재를 얻기 위해 소나무 숲이나 참나무 숲을 통째로 베어냅니다. 그럴 때 천이가 더는 진행되지 못합니다. 벌목이 끝난 민둥산에서 다시 풀, 관목, 교목(큰 나무) 순서대로 식물이 자라나게 되지요.

퇴행 천이는 이처럼 천이의 과정이 중간에서 끊어져 상황이 되풀이되는 것을 말합니다.

사계절의 변화

식물의 천이는 수백 년에 걸쳐서 일어나는 자연의 변천이고, 사계절은 한 해 동안에 일어나는 식물의 변화 과정입니다.

봄에는 식물에 새순이 돋아나고 꽃이 핍니다.

여름에는 잎사귀가 무성하게 자라고 열매가 매달립니다.

사계절이 또렷한 온대 지방에서 일어나는 식물의 활동을 그림으로 알아보아요.

가을에는 열매가 익고 나뭇잎이 떨어집니다.

겨울에는 풀이 말라 죽고 나무는 빈 가지로 겨울을 보냅니다.

3. 별난 나무 별난 이름

숲에서 중심이 되는 식물은 나무입니다. 나무들은 끼리끼리 모여 군락을 이루거나 저 홀로 뜨문뜨문 자라나는 종들도 있지요. 사람의 취향이 다르듯이 나무도 식생에 맞추어 자리 잡고 사는 거예요.

나무 이름이 붙여진 경로

1. 나무의 열매나 잎 또는 뿌리를 식용이나 약용으로 쓰면서

    예) 밤나무, 향나무, 피나무 등

2. 나무가 지니고 있는 고유한 습성에 따라

    예) 갯버들, 물오리나무, 눈향나무 등

3. 나무가 지니고 있는 고유한 특성 때문에

    예) 분비나무, 물푸레나무 등

우리나라에는 특이한 나무 이름들이 많습니다. 예부터 전해지는 이름이 있는가 하면, 나무의 특징이 잘 나타나도록 지어진 종들이 대부분이지요.

나무 이름의 유래에 대해서 알아볼까요?

4. 나무가 어디에 사는지 지역을 암시

　예) 금강소나무, 속리말발도리, 백운쇠물푸레나무 등

5. 전설과 같은 이야기를 통해

　예) 너도밤나무, 나도밤나무 등

6. 외국에서 들어오면서 라틴어 학명을 그대로

　예) 플라타너스 등

나무 이름의 유래

이팝나무 꽃잎이 쌀알처럼 생겨서 '쌀밥나무'로 통했어요. 조선 시대에는 이(李)씨 성을 가진 양반 가문에서 주로 쌀밥을 먹었어요. 그런 관계로 쌀밥나무가 '이씨들이 먹는 밥'이라는 뜻으로 이밥나무가 되고, 이밥나무가 세게 발음되면서 이팝나무가 되었지요.

서양에서는 이팝나무를 '하얀 눈꽃'으로 부른답니다.

때죽나무 뿌리, 줄기, 잎, 열매에 독성이 있는 나무입니다. 옛날 사람들은 이 나무를 짓이겨 냇가에 풀어 물고기를 잡았다고 해요. 물고기들이 독에 취해 떼로 죽어서 떼죽나무로 불리다가 때죽나무로 바뀌었다고 전해집니다.

벚나무 예부터 벚꽃이 피는 시기에 모내기를 했는데, 모내기할 때는 여러 사람의 도움이 필요했어요. 모내기에 찾아오는 벗을 기다린다는 의미에서 벗나무로 불리다가 벚나무로 고쳐졌다고 합니다.

말채나무 나뭇가지가 휘청휘청하고 질겨서 말채찍으로 주로 쓰였다고 하여 붙여진 이름입니다.

잣나무 열매 속에 잣알이 많이 들어 있어 종자나무라는 뜻으로 쓰였어요. 그래서 '자(子)나무'로 불리다가 부르기 좋게 잣나무로 바뀌었답니다.

전나무 나무에 상처를 내면 하얀 액체가 흘러나와요. 하얀 액체가 젖처럼 보여 젖나무가 되었다가 발음상 전나무로 부르게 된 거예요.

오리나무 키가 크게 자라서 옛날에 길의 이정표로 심었던 나무입니다. 거리를 가늠하기 위해 길가에 오 리(里)마다 한 그루씩 심었다고 해요.

상수리나무 옛날에 도토리를 한자 '상(橡)'으로 불렀어요. 도토리로 묵을 쑨 것을 선조가 맛보고 좋다 하여 수라상에 오르게 되었다고 해요. 그래서 수라상에 오른 도토리란 의미로 '상수라'로 불리던 이름이 상수리로 바뀌었다고 합니다.

호랑가시나무 주로 남부 지방에 사는 상록수입니다. 잎사귀 끝에 호랑이 발톱처럼 날카로운 가시가 돋아나 있어 이름 붙었습니다.

박쥐나무 키 작은 관목으로 잎이 크고 예쁜 꽃을 대롱대롱 매달아 피웁니다. 큰 잎은 박쥐의 날개처럼 보이고, 꽃은 박쥐가 거꾸로 매달려 있는 것처럼 보이지요.

쉬땅나무 쉬땅나무의 꽃 무더기는 수수 이삭처럼 생겼고 늘어져서 피어요. 쉬땅은 수수깡의 평안도 사투리로 수숫대를 일컫는 말이에요. 꽃 무더기가 '수수 이삭처럼 보인다.'는 뜻에서 붙여진 이름이에요.

찝빵나무 지빵나무, 누운측백으로도 불립니다. 찝빵나무는 백두산 고지대에 사는 향나무의 일종인데, 가지가 납작하게 펴진 채 자라요. 찝빵은 나무 전체가 '눌린 모양이다.'라는 뜻이에요. 누운측백 역시도 '가지가 누운 나무다.'라는 의미로 붙여진 이름이에요.

딱총나무 가지를 부러뜨리면 '딱' 소리가 난다 하여 붙여진 이름입니다. 잎과 줄기에서 분비물 냄새가 많이 나 '지렁쿠나무', '말오줌나무', '개똥나무'로 불리기도 하지요. 한방에서는 이 나무가 부러진 뼈를 잘 붙게 하는 효능을 지녔다 하여 '접골목'으로 통해요.

함박꽃나무 산목련의 다른 이름이에요. 하얀 꽃이 크고 풍성하게 피어나 함박 웃는 것처럼 보여서 지어진 이름입니다. 북한의 나라꽃으로 '목란'으로도 불려요.

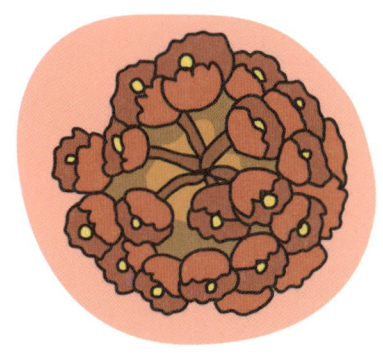

새덕이 제주도와 남부 해안 지방에 사는 상록수예요. 새덕이의 잎사귀는 바다의 모랫바닥에 사는 물고기 서대를 닮았다고 해요. 서대는 제주 사투리로 '서대기'로 불렸고, 이 말이 '새덕이'로 바뀐 거예요.

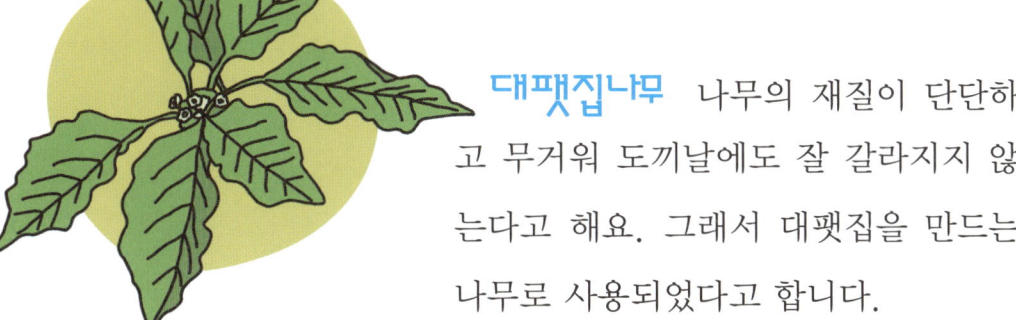

대팻집나무 나무의 재질이 단단하고 무거워 도끼날에도 잘 갈라지지 않는다고 해요. 그래서 대팻집을 만드는 나무로 사용되었다고 합니다.

먼나무 빨간 열매가 화려하게 열리는 나무로 주로 남부 지방에서 자라요. 이름이 아리송한 만큼 그 유래도 가지각색이에요. 나무가 멋있어 '멋나무'로 불린 데에서, 제주도 사투리인 '먹낭(가지가 검은 나무)'에서 유래되었다고도 합니다.

한편 먼나무를 처음 본 사람들이 "이게 뭔 나무예요?"라고 자꾸 묻는 바람에 먼나무가 되었다는 속설도 있어요.

육박나무 나무껍질이 육각의 무늬 모양으로 생겨서 붙은 이름입니다. 해병대의 전투복 무늬와 비슷하여 '해병대 나무' 또는 '국방부 나무'로 불리기도 하지요.

팔손이 두릅나뭇과의 관목이에요. 주로 남해안에서 드문드문 자라요. 잎사귀가 8개로 갈라진 모습이 사람이 손을 편 모양과 비슷하다고 합니다. 풀어서 말하면 '손가락 여덟개 나무'가 되지요.

플라타너스 외국에서 들어온 종의 나무 이름을 그대로 사용한 거예요. 플라타너스는 라틴어 학명으로 '잎이 큰 나무'라는 뜻이에요.

우리나라에서는 버즘나무로 통하는데, 나무껍질이 뚝뚝 벗겨진다는 의미를 지니고 있답니다.

신나는 나무 타령

나무 타령을 아시나요? 우리나라에는 나무 타령만큼이나 즐거움을 주는 나무 이름이 많습니다. 가령, 밤나무와 비슷한 열매를 맺는 종을 가리켜 너도밤나무, 나도밤나무 하는 식으로요.

나무 이름을 쉽게 기억할 수 있도록 재미있게 현대판 나무 타령을 만들어 보았어요. 여러분도 나무 이름을 보고 나름대로 새로운 의미를 붙여 보아요.

고기 잡자 **작살나무**, 두 다리 붙어 **합다리나무**, 양반이라 **갓나무**, 감기 걸려 **가래나무**, 쌀 떨어져 **보리밥나무**, 조용히 해 **쉬나무**, 가시 많아 **가시나무**, 한 벌 줘라 **옻나무**

훈제하자 **오리나무**, 꼬꼬댁 **닥나무**, 돈 빌려줘 **은행나무**, 말귀 몰라 **소귀나무**, 움켜쥐어 **구기자나무**, 새콤해서 **신나무**, 숫자 세라 **계수나무**, 철조망 치니 **분단나무**

한 푼 줍쇼
돈나무, 똥 마려 싸리나무,
눈부시다 반짝버들,
미라 언니 미선나무~

밥 푸다 **주걱댕강나무**, 왜 자꾸 불러 **아왜나무**, 카피하니 **복사나무**, 질기구나 **가죽나무**, 그림 그려 **화백**, 성질내도 **다정큼나무**, 마냥 쇠 좋아 **고로쇠나무**, 영어로 말해 **회화나무**, 꿩 새끼라 **덜꿩나무**

한 푼 줍쇼 **돈나무**, 똥 마려 **싸리나무**, 눈부시다 **반짝버들**, 병원 망해 **무환자나무**, 시끄럽다 **꽝꽝나무**, 미라 언니 **미선나무**, 생일 국엔 **미역줄나무**, 옷 벗어라 **더위지기**

구두 닦아 **광나무**, 월급 적어 **겨우살이**, 나 좀 봐 줘 **주목**, 덧니 나서 **덧나무**, 허리 펴라 **새우나무**, 다르니까 **다릅나무**, 의복 단정 **복장나무**, 일꾼 줄까 **사람주나무**

멈춰라 **서어나무**, 무슨 생각 **음나무**, 저 나무 말고 **이나무**, 코 푸니 **팽나무**, 헌혈해라 **피나무**, 한 번 쏘자 **화살나무**, 회쳐라 **회나무**, 죽 타령 **때죽나무**

예의 밝아 **교양목**, 이 잡는 **참빗살나무**, 상 고쳐 **상수리나무**, 굶어라 **금식나무**, 부석부석 **녹나무**, 개집 비어 **헛개나무**, 흑염소 말고 **백양나무**, 가뭄 비라 **가문비나무**, 맞아도 **참으아리**, 부침개 지져 **전나무**

갈팡질팡 **오갈피나무**, 성과 이름은 **오미자**, 주인 없는 **무주나무**, 소금 싫어 **설탕단풍**, 윷 던지니 **윤노리나무**, 얼굴 붉혀 **붉나무**

야구에 미쳐 **야광나무**, 친구 좋아 **벚나무**, 법 공부해 **사시나무**, 방귀 뀌니 **뽕나무**, 심봤다 **삼나무**, 슬리퍼 말고 **센달나무**, 혼났구나 **꾸지나무**, 수입 차는 **푸조나무**, 티 찢겨 **난티나무**

개 비빔밥 **개버무리**, 누구 티냐 **느티나무**, 때 밀어줘 **등나무**, 땅값 올라 **땅비싸리**, 안 찌를까 **반들가시나무**, 뭐가 어째 **모과나무**, 이곳저곳 **들쭉나무**, 삐악삐악 **병아리꽃나무**

우아, 산삼이다!

자꾸 싸니 **분비나무**, 감기에 좋아 **생강나무**, 새해 시작 **시무나무**, 멋대로 써라 **자작나무**, 약 올리는 **조롱나무**, 그렇다 **치자나무**, 재 보자 **폭나무**, 생각 중인 **구상나무**, 눈 종기는 **다래**

책 펴라 **쪽나무**, 감 잡았어 **감나무**, 논 팔아 **산사나무**, 두레박 내려 **물푸레나무**, 무섭구나 **배암나무**, 잘못했어 **빌레나무**, 간주 생략 **노간주나무**, 면발 좋아 **국수나무**

4. 단백질은 모든 식물에서

질소는 단백질의 천연 원료

녹색 식물이 사라지면 모든 동물이 사라집니다. 당연히 사람도 멸종하지요. 왜 그럴까요?

식물은 동물을 먹여 살리는 에너지원입니다. 모든 식물은 단백질을 만들어 동물들에게 전해 주지요.

사람과 동물은 단백질을 먹지 않으면 살 수 없습니다. 단백질은 동물의 살, 뼈, 혈액, 털 등의 조직을 만드는데 이용되는 필수 영양소이니까요. 동물 자체가 하나의 단백질 덩어리인 셈이죠.

단백질을 생성시키는 데 이바지하는 원료는 '질소'입니다. 질소가 없으면 단백질도 없고 우리도 없는 것이죠. 식물은 어떻게 질소를 이용하여 단백질을 만들까요?

질소와 산소의 역할

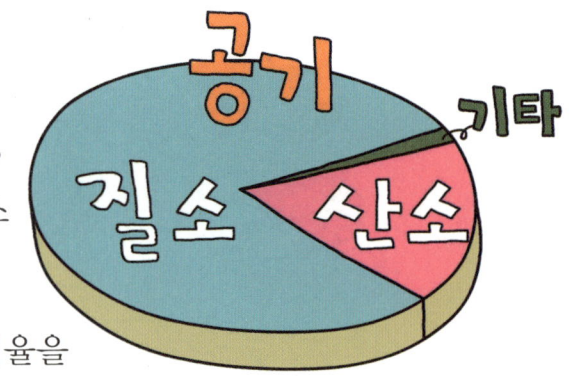

우리가 숨 쉬는 공기는 질소 78%, 산소 21%, 기타 기체 1%(이산화탄소 등)로 구성되어 있어요.

질소는 공기 중에서 가장 높은 비율을 차지하면서도 생물에게 아무런 영향을 끼치지 않아요. 대기에 있는지 없는지 모르는 상태로 떠다녀 가장 안정적인 기체로 통하지요.

질소 자체는 아무런 에너지를 만들지 못해요. 다른 화합물과 결합해야 에너지로 쓸 수 있습니다. 순수한 질소는 과자 봉지를 빵빵하게 부풀려 부패를 막아 주는 정도로 쓰이지요.

산소는 질소와 달리 직접적인 에너지로 이용되는 기체예요. 생물을 숨 쉬게 해 주고, 불을 활활 타게 하고, 건물이나 쇠를 부식시키는 역할을 하지요. 그래서 산소를 '활성화 기체', 질소를 '비활성화 기체'라고 합니다.

질소가 단백질이 됐어요

　질소가 단백질을 생성하기 위해서는 반드시 활성화 단계를 거쳐야 합니다. 이때의 '활성화'란, 무기물을 유기물로 바꾸어 주는 과정이에요. 무기물은 식물이 직접 에너지로 쓸 수 없으므로 다른 화합물과 결합하여 유기 화합물로 환원시켜 주어야 합니다. 즉, 에너지가 아닌 물질을 양분으로 바꾸어 주는 작업이죠.

　평상시 질소는 땅속과 대기를 끊임없이 드나들며 '질소 순환'을 합니다. 그 과정에서 식물의 뿌리혹박테리아가 질소를 가두어 질산염으로 활성화시켜 주지요. 뿌리혹박테리아는 질산염을 콩과(강낭콩, 아까시나무, 싸리나무, 클로버 등) 식물의 뿌리에 작은 덩어리로 모아두지요. 이를 '질소 고정'이라고 해요. 식물이 직접 양분으로 흡수할 수 있게 도와주는 단계랍니다.

　질산염은 이온화되어 식물이 광합성으로 얻어낸 탄수화물과 만나 비로소 단백질을 구성하게 되지요. 콩과 식물들은 그 단백질을 잎, 뿌리, 줄기, 열매의 세포 조직을 발달시키는 자양분으로 이용하지요.

　이처럼 질소가 무기물에서 유기 화합물의 에너지로 바뀌어 단백질이 되는 과정을 '질소 동화 작용'이라고 합니다.

질소 순환

질소 동화 작용

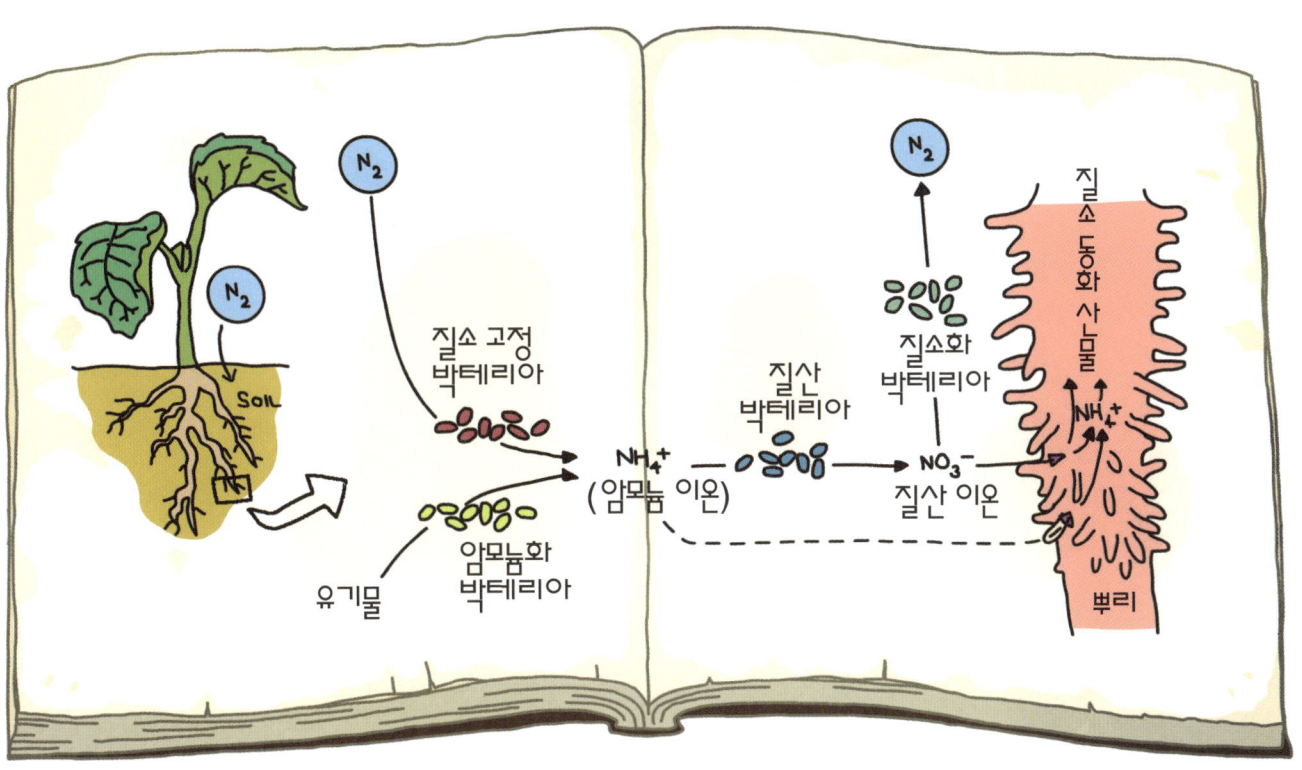

먹이 사슬로 전해지는 단백질

여러분은 근본적인 단백질이 모두 식물에서 얻어진다는 사실을 알았을 거예요. 그렇다면 사람과 동물은 어떻게 식물로부터 단백질을 얻어내는 것일까요?

소나 양과 같은 초식 동물은 녹색 식물을 뜯어 먹고 단백질을 얻습니다. 육식 동물은 초식 동물을 잡아먹음으로써 단백질을 얻고요. 사람은 식물을 직접 먹거나 고기를 식탁에 올려 단백질을 얻지요. 먹이 사슬에 의하여 식물로부터 전달된 단백질이 동물에게 차례로 전해지는 것이죠. 그러므로 식물이 사라지면 단백질의 공급이 끊어져 사람과 동물이 살 수 없는 환경이 되는 거예요.

5. 잎이 지지 않는 나무는 없어요

늘 푸른 나무와 잎이 지는 나무

나무 중에 사계절 내내 푸른 빛깔을 띠는 종을 '상록수' 또는 '늘 푸른 나무'라고 합니다. 반면, 가을에 단풍 드는 종을 '낙엽수'라고 하지요.

열대 우림처럼 더운 지방에 사는 나무들은 1년 내내 푸르게 우거져 있습니다. 추운 타이가 지방의 침엽수들도 1년 내내 싱싱한 이파리를 자랑하지요.

상록수들은 정말로 잎이 지지 않는 것일까요? 이 의문에 접근하려면 나무들의 고유한 생태적 특징을 알아두어야 해요.

침엽수 : 소나무처럼 잎사귀가 가늘고 긴 모양이에요.

활엽수 : 떡갈나무처럼 잎사귀가 넓은 모양이에요.

상록수 : 사계절 동안 푸른 잎사귀를 달고 있어요.

상록 활엽수 : 늘 푸른 나무 중에 잎사귀가 넓은 나무예요.

상록 침엽수 : 늘 푸른 나무 중에 잎사귀가 뾰족한 종이에요.

낙엽 활엽수 : 가을에 단풍이 들어 넓은 잎사귀를 떨어뜨려요.

낙엽 침엽수 : 가을에 가느다란 잎사귀가 물들어 떨어져요.

상록수는 1년 내내 잎이 떨어져요

열대 우림에는 주로 상록 활엽수가 많아요. 타이가 지방에는 상록 침엽수가 주종을 이루고요. 두 지역 나무들은 이파리의 모양만 다를 뿐, 상록수라는 공통점을 가지고 있어요. 그래서 사시사철 푸른 빛깔을 뽐내며 숲을 우거지게 하지요.

그런데 상록수도 낙엽이 집니다. 단지 잎사귀가 한꺼번에 지지 않고 차례대로 떨어져서 우리가 눈치채지 못하는 것뿐이에요.

상록수의 잎사귀는 대개 1~2년이 지나면 노랗게 늙어서 수명을 마치게 돼요. 평소 잎이 지는 수량보다 푸른 빛깔의 잎이 월등히 많아서 늘 푸르게 보이는 것이지요.

소나무나 숲을 찾아가서 바닥을 한 번 보세요. 솔잎이 수북이 쌓여 있는 것을 볼 수 있을 거예요. 그 솔잎들은 사계절 내내 조금씩 떨어져 쌓인 것입니다.

상록수는 한꺼번에 잎사귀를 떨어뜨리지 않는 대신, 1년 내내 잎을 떨어뜨리는 종이라고 할 수 있어요.

겨울에도 잎이 얼지 않는 상록 침엽수

상록 침엽수는 잣나무, 전나무, 소나무, 향나무, 주목 등이에요. 이 나무들은 한겨울에도 잎이 얼지 않아 푸른 머리칼을 달고 삽니다. 영하의 날씨에도 견디는 상록 침엽수의 잎사귀에는 어떤 비밀이 숨어 있을까요?

상록 침엽수는 기온이 떨어지면 몸 자체에서 '얼지 않는 효소'와 보온 물질인 '리놀레산'을 분비합니다. 그 분비물이 잎사귀로 모여 생체막이 얼지 않도록 보호하지요. 사람이 오리털 파카를 입고 겨울을 따뜻하게 보내는 것처럼 말이죠.

상록 활엽수의 겨울나기

우리나라에는 동백나무, 회양나무, 사철나무, 호랑가시나무 등의 상록 활엽수들이 자라고 있어요.

상록 활엽수는 잎사귀가 넓은 편이라 상록 침엽수보다 추위에 불리한 조건을 갖추고 있어요. 그런데도 늘 푸른 나무로 겨울을 납니다. 그 이유는 상록 활엽수가 육지보다 따뜻한 해양성 기후 지역에 살고 있기 때문이에요. 우리나라의 상록 활엽수들은 주로 남부 해안 지방과 섬 지방에 고루 분포하고 있답니다.

왜 단풍이 드는 것일까요?

겨울에 발가벗은 나무는 모두 낙엽 활엽수와 낙엽 침엽수입니다. 잎사귀를 떨어뜨리는 종들이지요. 낙엽수의 특징은 주로 우리나라처럼 사계절이 또렷한 지역에서 나타나는 현상이에요.

나무가 단풍을 들게 하여 잎사귀를 떨어뜨리는 이유는 뭘까요? 그것은 나무가 수분을 보호하려고 스스로 선택한 길이에요.

나무는 기후의 영향을 많이 받습니다. 춥고 건조한 겨울은 메말라서 나무가 물을 공급받기 어렵거든요. 미리 나뭇잎을 떨어뜨리면 불필요한 수분이 증발되는 것을 예방할 수 있습니다.

나무가 크게 성장하려면 날씨가 따뜻해야 하고, 제때에 빗물도 공급받아야 해요. 그래야 봄에 새싹과 꽃을 피우고 여름에는 열매를 맺지요.

그리고 가을에 열매가 익기 시작할 무렵이 되면 나무는 생존을 위해 중대한 결정을 내립니다. 잎사귀로 통하는 물관의 통로를 막아 버리는 것이죠. 물관이 막힌 나뭇잎은 금세 시들어 단풍으로 물들어 버립니다.

나무는 몸에서 수분이 빠져나가는 것을 막기 위해 지혜로운 결정을 내리는 거예요. 겨울에 말라 죽지 않으려고요. 겨울나기를 준비하는 나무의 생존 본능이지요. 마치 겨울잠을 준비하는 동물들이 먹이로 배를 채워서 겨울을 버티는 에너지로 쓰는 것과 같답니다.

6. 나무도 생각해요

행복한 나무

나는 500년 된 굴참나무입니다. 비록 뇌가 없지만 사람처럼 생각하고 행동합니다. 온몸이 '생각 세포'로 가득 차 있거든요.

나는 날씨가 쌀쌀해지면 사람처럼 잎을 웅크리고, 더울 때는 잎을 늘어뜨려요. 가뭄에 단비라도 내리면 잎사귀끼리 타닥타닥 손뼉을 칩니다.

때때로 기쁨과 슬픔의 감정도 표현합니다. 산들바람이 불면 가지를 흔들어 웃고, 큰 바람에 가지가 부러지면 비명을 지르지요.

내가 사람과 다른 점은 한곳에 머물러 지내야 한다는 것이에요. 그러나 나는 여행에 대한 미련은 없어요. 한자리에 서 있어도 늘 즐겁습니다. 언제나 새들이 날아와 노래를 불러 주고, 산짐승들이 놀러와 몸을 비비며 간지럼을 태워 주니까요.

가끔은 사람이 찾아와요. 약초꾼이 나무 그늘에서 주먹밥을 먹기도 하고, 등산객들이 쉬었다 가기도 하지요. 나는 이렇게 하루하루가 행복합니다.

역사의 일기장, 나이테

내 나이 벌써 500살이니, '살아 있는 역사'라고 할 수 있지 않나요? 나는 사람들의 신이 짚신에서 고무신으로 바뀌고, 고무신이 운동화로 교체되고, 운동화가 다시 등산화로 변신하는 시절을 모두 겪었지요.

또한 늙은 할머니가 내 앞에 물을 떠다 놓고 빌던 모습, 전쟁 중에 병사들이 헐레벌떡 뛰어다니던 모습도 생생하게 기억합니다. 500년 된 내게는 500년 된 추억의 역사가 있는 셈이지요.

나는 세상을 허투루 바라보지 않아요. 해마다 보고 느끼고 경험한 것들을 몸속에 빼곡히 기록해 두지요. 그 기록은 나이테에 저장되어 있습니다. 나는 한 살씩 먹을 때마다 몸속에 나이테를 만들어 놓거든요. 나이테는 늙어가는 내 모습을 측정하는 속 주름살이니까요.

그런데 나이테는 단순한 속 주름살이 아니랍니다. 내가 살면서 느꼈던 슬픔, 기쁨, 즐거움, 노여움 등을 간직한 비밀 일기장이에요. 장장 500년이나 되는 기록을 종합하여 펼치면 실록이나 다름없지요. 기록 내용은 이런 식이에요.

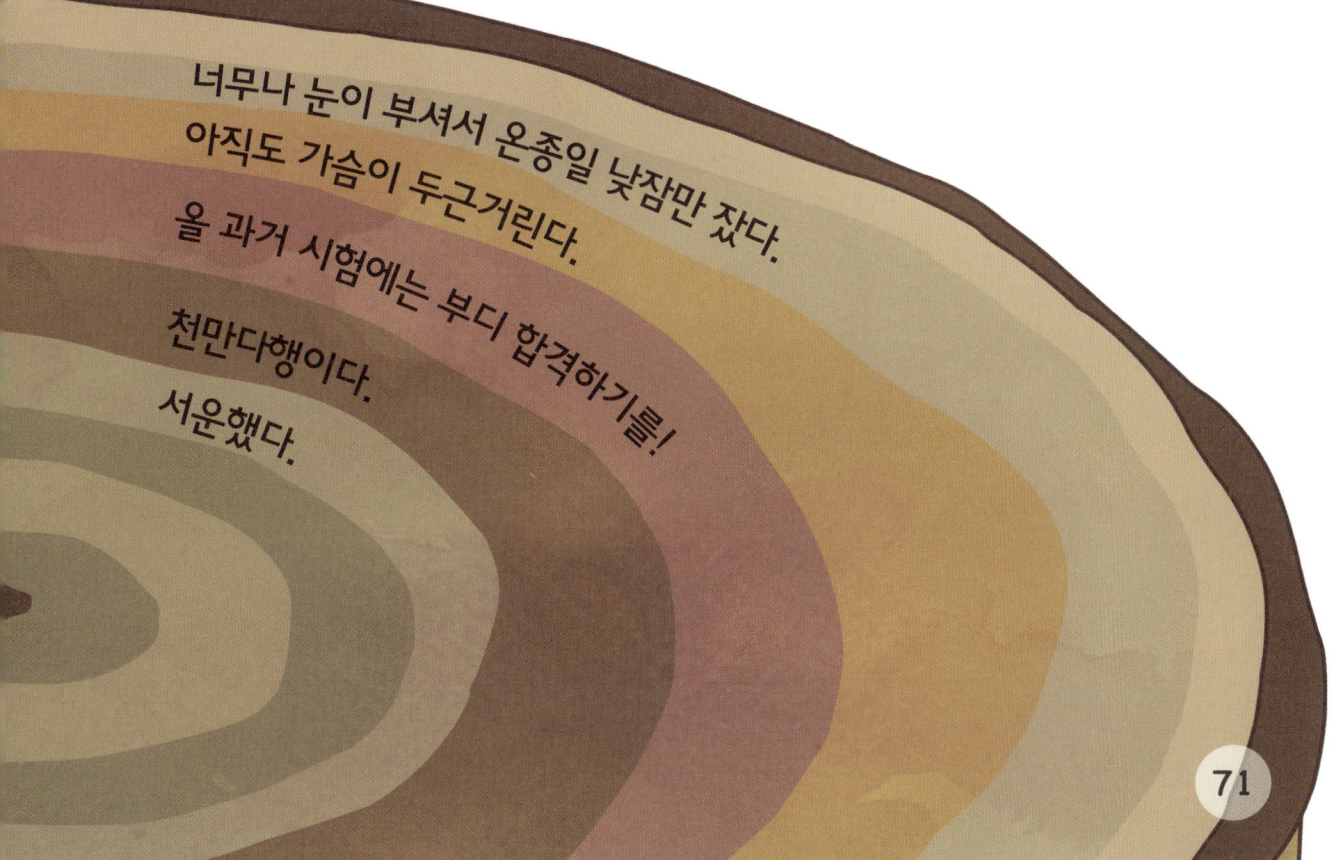

내 바람은 한 가지뿐이랍니다. 500년 동안 살았으니 앞으로 그만큼 더 꿋꿋하게 살아서 나이테 속에 새로운 이야기를 꼬박꼬박 기록해 두는 것이지요. 혹시라도 이순신 장군의 ≪난중일기≫처럼 내 나이테가 소중한 기록으로 널리 쓰이게 될 날이 있을지도 모르잖아요.

나이테의 모양이 왜 다르지?

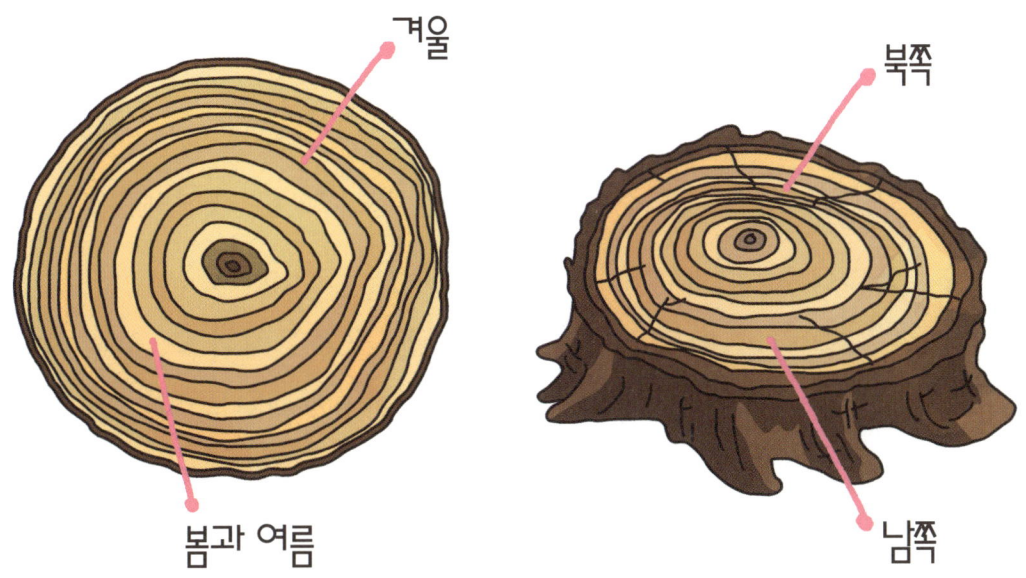

나무의 나이테는 부름켜(형성층)가 두꺼워지며 생겨나요. 여름에는 활동이 왕성하여 나이테가 두껍게 부피 성장을 하고, 겨울에는 부피 성장이 멈추다시피 하여 얇고 단단하게 뭉쳐집니다.

열대 지방의 나무들은 조금 다릅니다. 평균 기온이 따뜻하여 나무들은 언제나 성장 단계에 있지요. 그래서 나이테가 잘 나타나지 않거나 아예 없는 경우도 있습니다.

한편, 나무는 햇빛을 많이 받는 가지가 광합성이 활발하여 나이테의 모양도 남쪽으로 넓어진답니다.

생각하는 나무

사람은 스스로 '만물의 영장'이라고 정의를 내렸습니다. 다른 동물보다 두뇌가 뛰어나다고 믿고 있기에 그렇답니다. 사람은 정말로 세상을 지배하고 있는 최고의 우두머리가 맞는 것일까요?

나무인 내가 보는 시선은 다릅니다. 나는 '모든 생명체는 인간만큼의 생각을 지니고 있다'고 생각합니다. 사람의 평균 아이큐가 130 정도라고 한다면 아무리 하찮은 동식물이라도 그만큼의 지능을 가지고 있는 거예요. 물론 사람의 입장에서는 말이 안 되는 이야기겠죠.

그러나 세상을 바라보는 시각은 상대적인 것입니다. 가령, 사람이 나무는 생각이 없을 것이라고 단정하듯이 나 역시도 사람이 똑똑한 동물이라는 사실을 인정해 줄 수 없어요. 오히려 사람이 훨씬 어리석다는 판단이 들지요. 그 이유는 너무나 간단해요.

사람은 녹색 식물의 중요성을 잘 알면서도 자연을 짓밟는 행위들을 서슴지 않고 저지릅니다. 식물이 사라지면 동물이 멸종하고 결국에는 사람도 살 수 없는 환경이 된다는 걸 알면서 말이에요.

내 눈에는 한 치 앞도 못 보고 자기 발등을 찍는 것처럼 보여요. 사람은 '만물의 영장'이 아니라 '세상에서 가장 생각 없이 사는 동물'이 아닌가 하고 의심이 들 정도니까요.

사람은 녹색 식물이 자기들에게 얼마나 은혜로운 존재인지 깨닫고 잘못을 반성할 필요가 있습니다. 그동안 사람들이 자연에게 얼마나 못된 짓을 많이 했는지 살펴볼까요?

몸살을 앓는 지구의 현주소

나는 500년 동안 산 중턱에 살면서 키가 30미터 이상 자랐어요. 웬만한 나무보다 훨씬 커서 주위를 훤히 관찰할 수 있었답니다. 과거 40년 전까지만 해도 내 주변은 큰 변화가 없었어요. 숲은 자연의 모습을 고스란히 간직한 채 묵묵히 푸른 빛깔을 자랑했지요.

당시에 나무들이 수난을 겪는 까닭은 무덤 때문이었어요. 사람들이 무덤 하나를 만드는 데 50~100그루의 나무들을 쓰러뜨렸지요. 나는 죽은 자를 위해 산 나무들을 거리낌 없이 베어내는 사람들이 얼마나 원망스러웠는지 몰라요. 처지를 바꿔 놓고 생각해 본다면 내 심정을 이해할 거예요. 생명은 사람에게만 중요한 것이 아니니까요.

내 주위가 본격적으로 망가지기 시작한 것은 불과 20여 년 사이입니다. 산자락에 걸쳐 있는 상수리나무가 기계톱으로 마구마구 잘려나갔어요.

친구들이 비명을 지르며 쓰러질 때마다 마치 내가 쓰러지는 것처럼 아팠답니다. 재작년에는 건너편 소나무 숲이 산불로 새까만 잿더미로 변하는 것을 두 눈으로 똑똑히 보았습니다. 그때는 내 속도 새까맣게 타들어 갔지요.

최근에는 산등성이를 빙글빙글 돌리는 도로가 뚫리고, 내 뿌리 아래로 터널이 지나가게 되었어요. 건너편 산에서는 석회석 개발로 산맥 일부분이 잘려나갔지요.

내가 머무는 산과 키를 견주었던 봉우리가 볼품없이 주저앉아 버린 거예요. 정말이지 순식간에 일어난 일들입니다.

그 원인으로 장대비가 내릴 때마다 곳곳에서 산사태가 일어나 숲이 계속 훼손되었어요. 무너진 흙더미는 마치 가죽이 찢겨나간 짐승의 속살처럼 아파 보였지요. 내 가슴도 찢어질 수밖에 없었어요. 사람의 간섭으로 큰 나무들이 숲에서 차츰차츰 사라지게 된 거예요.

주위의 나무들이 줄어들면서 당장 내게 찾아온 변화는 무척 더워졌다는 겁니다. 한여름 날씨가 뜨거워지면서 잎사귀가 바싹바싹 말라 버리는 거예요. 가을이면 예쁜 낙엽으로 물드는 내 멋진 모습이 볼품없이 망가지는 중이에요.

이것은 최근 기후가 과거와 다르게 변하고 있다는 사실을 말해 주고 있어요. 나무들은 시원한 산소를 만들어 대기 기온을 낮춰 주는데, 나무들이 갈수록 줄어들면서 날씨도 더워지는 까닭이지요. 이러한 현상은 내 주위에서만 일어나는 것이 아닙니다.

나는 제자리에 선 채로 지구 전체의 소식을 들을 수 있어요. 가까운 소식은 씨앗들이 날아와 전해 주지요. 며칠 전에는 민들레 씨앗이 스쳐 지나가며 한숨을 쉬며 말했어요.

"어휴, 굴참나무 님! 속상한 일이 벌어졌어요. 사람들이 스키장을 만든다며 산 하나를 머리부터 발끝까지 깎아 버린다네요. 졸지에 보호종 나무들이 쓰러지게 됐지 뭐예요."

그 밖에 먼 소식은 지구 전체를 여행하는 바람이 전해 주지요. 바람은 지구촌에서 일어나는 대규모 홍수와 가뭄, 원시림의 파괴, 북극과 남극 빙하가 녹는 현상, 열대야, 폭설, 강추위에 대한 이야기들을 주절주절 늘어놓고 가지요. 한마디로 기후의 변화가 세상을 오락가락하게 만들고 있답니다.

근본적인 원인은 숲이 사라지게 되면서 이산화탄소가 증가하여 온실 효과가 커지기 때문이지요. 나무는 이산화탄소를 에너지로 흡수하여 신선한 산소로 바꾸어 주는 역할을 합니다. 숲이 줄어드는 만큼 이산화탄소의 처리 능력도 줄어들게 되니 기온이 올라가는 것은 당연한 결과랍니다.

이러한 환경을 직접 제공한 장본인은 두말할 나위 없이 사람입니다. 그래서 나는 사람에게 감히 '세상에서 가장 생각 없이 사는 동물'이라고 꼬집어서 말하고 싶어요.

7. 식물은 비싼 세금을 내고 살아요

세상에서 가장 비싼 세금 99%

국가는 국민에게 세금을 걷어서 나라 살림을 합니다. 국민은 수입의 약 10%를 세금으로 내지요. 부자도 버는 만큼 세금을 내고, 세계 유명 사업가들은 많은 돈을 사회에 기부하기도 하지요.

하지만 사람이 내는 세금이나 기부금은 식물이 내는 세금에 비하면 아무것도 아니에요.

씨앗이나 열매는 식물들이 한 해 동안 벌어들인 수입과 같습니다. 식물은 씨앗과 열매의 약 99%를 세상에 기꺼이 세금으로 바치지요. 엄청나지요? 아무리 부자라도 자기 수입의 99%를 세금으로 내는 사람은 없으니까요.

식물은 1%의 열매만 후손을 잇는 데 사용하고, 나머지 99%의 열매는 세상에 아낌없이 뿌립니다. 그 열매들은 대부분 곤충, 새, 동물 그리고 사람들이 일용할 양식으로 쓰지요. 식물은 모든 동물에게 소리 소문 없이 골고루 혜택을 주는 거예요. 그뿐만 아니라 자기 몸을 희생하기도 해요.

함께 먹고 삽시다

참나무는 사람에게 목재로서의 가치를 높이 평가받는 나무 중에 하나예요. 동물들에게는 유명한 맛 집과 훌륭한 하숙집으로 통하지요. 참나무는 자기를 찾아 주는 동물들을 위해 언제든지 식당과 하숙집 문을 공짜로 열어둡니다.

진딧물은 참나무를 방문하여 여린 가지에 달라붙어 수액을 쪽쪽 빨아 먹습니다. 나방의 애벌레들은 참나무 잎사귀가 너덜너덜해질 때까지 갉아 먹고요.

분홍거위벌레는 어린 잎사귀를 골라서 알 한 개를 낳은 뒤, 담요처럼 돌돌 말아둡니다. 잎사귀 담요는 앞으로 태어날 애벌레의 먹이가 되지요. 참나무 몸통 속에서는 하늘소 애벌레가 기어다니며 속살을 파먹습니다.

딱따구리는 참나무의 기둥을 쪼아 구멍을 내고 하숙하지요. 박새도 참나무 가지에 둥지를 틀어 하숙하고요. 다람쥐들은 참나무를 타고 다니며 놀이터로 삼습니다.

참나무의 자선 사업은 그것으로 그치지 않아요. 자기 몸에 양분이 많을 때는 껍질이 갈라진 틈으로 달콤한 수액을 흘려보냅니다. 수액은 시큼시큼한 냄새가 나고 달콤하지요. 참나무는 그 냄새를 퍼뜨려 곤충들은 불러 모읍니다.

한낮에는 풍이, 나방, 부전나비, 풍뎅이, 장수말벌 등이 방문하여 수액을 맛봅니다. 저녁에는 장수풍뎅이와 사슴벌레 무리가 수액을 찾아 날아오지요. 두 장군은 서로 단물을 차지하려고 결투를 벌이기도 해요.

이처럼 참나무는 자기 한 몸이 망가지는 것을 두려워하지 않습니다. 오히려 더 베풀려고 노력하지요. 참나무는 어째서 자기의 모든 것을 다 퍼 주기만 할까요?

참나무의 베풂에는 '함께 먹고 살자!'는 깊은 속뜻이 숨어 있습니다. 다 함께 잘 살아 보자는 공존의 개념이지요. 식물은 자기들이 부질없는 욕심을 부리면 공존의 개념이 무너진다는 사실을 누구보다 잘 알고 있습니다. 그래서 지구의 생산자로서 책임을 다하고자 한없이 베푸는 것이죠. 세상에서 가장 비싼 세금 99%와 한 몸을 바쳐서 말이에요.

8. 자연과 문명

돌고 도는 자연의 순리

지구는 하나의 거대한 생명체로 사람과 같은 구조를 지니고 있습니다. 지구 중심에 있는 핵은 심장이고, 대류 이동을 하는 마그마는 혈액과 같지요. 지각은 살이고, 그 살을 덮고 있는 녹색 식물은 피부입니다.

지구가 숨을 쉴 때는 활화산을 통해 가스를 분출하지요. 가끔은 숨을 너무 크게 쉬어 화산이 폭발할 때도 있지만요. 그것은 지구가 살아 있다는 증거예요.

살아 있는 지구는 언제나 순리대로 순환합니다. 하루에 한 번씩 시계 반대 방향으로 자전하며 정해진 규칙대로 살아가지요. 그에 따라 지구 전체에 바람이 불고 태양열이 골고루 전달됩니다. 날마다 낮과 밤이 생기고 태양의 위치에 따라 계절이 바뀌기도 하지요. 자연의 법칙에 따라 돌고 도는 것이 자연의 순리지요.

이기적인 사회, 문명

문자와 기술 등의 보급으로 물질적으로 발전한 '문명사회'는 자연의 순리와 다르게 '모순'이 많습니다.

모순은 '창과 방패'를 뜻하는데, 앞뒤가 맞지 않는 행동을 할 때 쓰는 말이에요. 그 유래는 다음과 같아요.

한 장사꾼이 "이 창은 모든 방패를 뚫을 수 있습니다!"라고 말했어요. 그러자 다른 장사꾼이 "이 방패는 모든 창을 막아낼 수 있습니다!"라고 했지요. 말이 안 되는 상황이지요? 문명사회는 자기 이익을 우선하여 앞세우기 때문에 이처럼 모순적인 일들이 자주 일어납니다.

한 예로, 누군가 자연 지형을 개발할 목적으로 사업 보고서를 제출하면 환경 평가에 관한 타당성 조사를 합니다. 개발하는 것이 좋은지 나쁜지 말이에요. 그런데 처음부터 무리한 개발이라며 반대했던 사람들이라도 자기들에게 이익이 되는 부분이 생기면 찬성 쪽으로 돌아서요. 자기밖에 모르는 이기적인 모순이 낳은 결과예요.

문제는 이러한 이기적인 모순들이 하나둘씩 모여 어마어마하게 큰 자연 파괴로 이어진다는 것이죠. 자연과 문명이 항상 대립할 수밖에 없는 관계가 되는 거예요.

식물은 생산자, 문명은 파괴자

지구에 인류가 출현하면서 자연과 문명은 충돌하게 되었어요. 근본적으로 식물은 '생산'을 목적으로 자라고, 문명은 '파괴'적인 발전으로 성장했습니다. 그 시작은 구석기 시대로 거슬러 올라갑니다.

인류는 불의 발견으로 식생활이 좋아지며 영리한 인간으로 발달하기 시작했어요. 음식을 구워 먹거나 삶아 먹게 되면서 도구도 함께 발달했으니까요.

과거 최초의 불은 번개 때문에 자연적으로 생겨났어요. 불의 발견은 인류에게는 획기적인 것이었으나, 자연에게는 불행의 씨앗이 되었어요.

불을 피우는 연료는 나무에서 석탄으로 옮겨지고, 석탄은 다시 석유와 가스로 옮겨졌지요. 그 과정에서 자연은 문명의 발전에 떠밀려 너무나 큰 피해를 당했습니다.

　에너지의 발전이 도시를 발달시키면서 지각에 구멍이 숭숭 뚫렸어요. 숲으로 울창했던 아름다운 피부는 벗겨지고 깎이며 고통을 받았고요. 문명의 에너지가 자연 자원을 하루가 멀다 하게 갉아먹고 있는 것이 원인이지요.

　앞으로 자연의 운명은 어떻게 변하게 될까요?

자연은 위대해요

18세기 말에 영국에서 산업 혁명이 시작된 이후, 자연의 파괴는 본격적으로 이루어졌어요. 자연 녹지가 공장의 굴뚝으로 채워지며 사람들은 도시로 몰려들었지요.

우리나라는 1970년대 중반부터 산업화의 영향을 받아 대대적인 인구의 이동이 시작되었어요. 그와 맞물려 자연은 깊은 상처를 입으며 각종 오염으로 물들어 오늘날까지도 불안한 환경이 이어지고 있어요. 문명이 자연을 지배하면서 생긴 부작용이지요.

오늘날 자연환경은 약 4억 1만 년 전부터 지구가 공들여 가꾸어 놓은 공간이에요. 인류는 그 공간을 단 150여 년 만에 망가뜨려 놓았어요. 평균 기온을 자그마치 0.74도나 상승시켜 놓았고요. 그 후유증이 지구촌 곳곳에서 커다란 자연재해로 나타나고 있어요.

그러나 인류가 아무리 발전을 외치더라도 자연을 거스를 수는 없습니다. 우리의 생존을 보장하는 식량이나 모든 생활 도구가 자연으로부터 나오는 것이니까요. 인류가 발전이라는 이름으로 자연을 지속해서 소모하면, 그 피해는 부메랑이 되어 우리에게 돌아올 거예요.

자연은 인간이 맞서 싸워야 할 대상이 아닙니다. 우리는 자연 앞에서 한없이 나약한 존재예요. 우리가 처해 있는 현실을 인정하고 자연을 대우해 주면, 미래의 환경은 좀 더 나아질 거예요.

앞으로 자연과 문명의 충돌은 언제까지 진행될까요? 자연은 느릿느릿 변천하는 데 반해 문명은 후다닥 발전합니다. 이 상황은 자연이 파괴되는 속도가 빨라지고 있음을 경고하는 거예요.

지구 전체 인구가 늘어날수록 문명도 널리 퍼지게 되어 자연이 훼손되는 것은 불을 보듯 뻔한 사실입니다. 인구의 증가와 자연의 파괴는 비례 관계에 있으니까요.

생명을 살리는 친환경 사업

환경에 해를 주지 않는, 환경에 이로운 영향을 줄 수 있는 사업을 '친환경 사업'이라고 해요. 생태계를 보존시키는 것은 사람과 동물의 생명을 살리는 것과 같지요.

문명은 자연의 일부를 빼앗아야 얻을 수 있습니다. 자연 자원을 활용하지 못하는 문명은 존재가 불가능하고 발전도 없으니까요. 하지만 거기에는 책임과 의무가 뒤따라야 합니다.

자연을 망가뜨린 만큼 복구에도 신경을 써야만 하지요. 될 수 있는 한 자연을 덜 훼손시키며 개발하는 것이 친환경 사업의 핵심입니다. 개발하더라도 원상 복구의 조건대로 실행되어야 친환경 사업이 되지요.

가령, 도로를 건설할 때 산의 허리를 자르게 되면 생태 통로가 막히게 됩니다. 그 상태에서 동물들이 도로를 건너다가 '로드킬'을 당하여 목숨을 잃는 경우가 많지요.

그것을 방지하기 위해 잘린 산을 연결하여 구름다리를 만들어 주지요. 사람과 동물이 공존하는 데 필요한 친환경 사업의 대표적인 예입니다.

또한 벌거숭이산을 푸르게 가꾸는 조림 사업이나 녹지 공간을 최대한 살리며 도시를 건설하는 것도 자연과 문명의 거리를 좁히는 일들이에요. 그 밖에 도랑, 실개천, 냇가 살리기 운동 역시도 자연 생태계를 지키려는 노력의 일환이지요.

반대로 부작용적 사업도 있습니다. 큰 광산을 개발하고 나면 주위는 황무지처럼 뒤바뀌게 되지요. 그런 장소는 흙을 덮고 나무를 심어서 원래와 가까운 자연환경으로 만들어 주어야 합니다.

 하지만 개발업자들은 원상 복구에 비용이 많이 들기 때문에 소홀하게 관리하지요. 나무를 제대로 심지 않아 산사태가 일어나 흙이나 바위가 무너지고, 그나마 심은 나무들은 말라 죽는 경우가 많거든요. 눈 가리기 식 사업으로 그 피해가 고스란히 우리에게 돌아오는 실정이에요.

큰 규모 사업은 국가 차원에서 강력하게 관리 감독을 하는 것이 중요합니다. 원상 복구가 잘되면 우리가 자연의 일부를 빼앗아 쓰는 것이 아니라 잠시 빌렸다가 돌려주는 개념으로 바뀌게 되지요. 그것이야말로 자연과 문명이 공존하는 데 커다란 밑거름이 됩니다.

사소한 실천이 친환경을 만들어요

여러분 주위를 둘러보세요. 공책, 책상, 의자, 자동차, 도로, 집, 건물 등등의 도구와 건물들은 모두 어디에서 나오는 것일까요? 하나도 빠짐없이 모두 자연으로부터 얻어진 것들입니다. 물질을 만드는 천연 원료의 주인이 자연이니까요.

우리는 집에서도 얼마든지 친환경적인 일을 할 수 있습니다. 에너지 절약, 분리수거, 재활용, 종이 아껴 쓰기, 대중교통 이용하기 등 사소한 실천만 해도 주위 환경이 훨씬 건강해집니다. 우리가 덜 쓰고 절약하는 만큼 자연이 훼손되는 면적을 그만큼 줄일 수 있기 때문이지요. 작은 노력이 모이다 보면 자연도 살리고 우리의 환경도 아름다워지는 거예요.

끝으로 자연이 우리에게 거듭 강조하는 마지막 메시지입니다.

"함께 먹고 삽시다!"

숲 환경 상식 퀴즈

여러분은 식물의 중요성과 살아 있는 자연의 소중함에 대해 알아보았어요. 문제를 풀며 되짚어 보세요.

01 한 공간에서 세월에 따라 작은 식물이 큰 나무로 변천하는 과정을 (　　　　)라고 해요.

02 한해살이 풀은 개척 식물이에요. (○　×)

03 식물의 1차 천이는 개척자–풀–(　　　　)–양수림–음수림 순으로 진행해요.

04 식물의 2차 천이에서는 개척자가 등장하지 않아요. (○　×)

05 극지방에서 살고 있는 개척자는 잡초예요. (○　×)

06 단백질을 만드는 데 필요한 공기는 무엇인가요? (　　　　)

07 대기 중의 산소 비율은 78%예요. (○　×)

08 콩과 식물과 뿌리혹박테리아는 서로 관계가 없어요. (○　×)

09 단백질은 먹이 사슬에 의해 우리 몸에 들어와요. (○　×)

10 녹색 식물이 사라지면 모든 동물도 멸종해요. (○　×)

11 나무의 나이는 (   )로 알 수 있어요.

12 나무가 단풍드는 것은 수분을 보호하기 위해서예요. (○ ×)

13 잎사귀가 넓고 낙엽이 지는 나무를 침엽수라고 해요. (○ ×)

14 늘 푸른 나무는 (   )예요.

15 상록수는 1년 내내 잎이 지지 않아요. (○ ×)

16 사람은 동물 중에 유일하게 문명 생활을 해요. (○ ×)

17 자연의 법칙에 따라 돌고 도는 것이 자연의 (   )예요.

18 자연에서 식물은 생산자예요. (○ ×)

19 나무의 나이테는 겨울에 두껍게 성장해요. (○ ×)

20 환경에 해를 주지 않는, 환경에 이로운 영향을 줄 수 있는 사업을 (   )이라고 해요.

01 천이 | 02 × | 03 관목 | 04 ○ | 05 × | 06 질소 | 07 × | 08 × | 09 ○ | 10 ○ | 11 나이테 | 12 ○ | 13 × | 14 상록수 | 15 × | 16 ○ | 17 순리 | 18 ○ | 19 × | 20 친환경 사업

숲 환경 단어풀이

문명 : 물질적, 기술적, 사회 구조적으로 발전한 인간 사회.

포유류 : 새끼를 낳아 젖을 먹여 키우는 동물의 총칭.

다이너마이트 : 바위를 부수거나 굴을 파는 데 사용하는 폭발약.

먹이 사슬 : 생물들끼리 서로 잡아먹고 먹히는 관계.

시시(cc) : 세제곱센티미터, 미터법에 의한 부피의 단위.

자바 원인 : 19세기 말 자바 섬 트리닐(Trinil) 부근에서 발견된 화석 인류.

베이징 원인 : 1923년 중국 베이징의 서남방 40킬로미터 지점인 저우커우뎬[周口店]의 동굴에서 발견한 화석 인류.

하이델베르크인 : 1907년 독일의 하이델베르크 부근 마이델에서 발견된 화석 인류.

네안데르탈인 : 1856년 독일 네안데르탈의 석회암 동굴에서 머리뼈가 발견된 화석 인류.

크로마뇽인 : 1868년 프랑스 도르도뉴 지방에 있는 크로마뇽 동굴에서 발견된 최초의 현생 인류.

상동인 : 1933년 중국 북부 저우커우뎬 부근의 작은 석회암 동굴에서 발견된 화석 인류.

그리말디인 : 1872~1901년 그리말디 동굴에서 발견된 현생 화석 인류.

천이 : 식물이 정해진 공간에서 시간의 흐름에 따라 변천하는 과정.

지각 : 흙과 바위로 지구의 바깥쪽을 덮고 있는 부분. 땅껍질.

산성비 : 농도가 짙은 황산과 질산이 뒤섞여 내리는 비.

나트륨 : 알칼리성 금속 원소로 광물이나 바닷물에 많이 들어 있음.

지질 시대 : 지구에 지각이 생성된 뒤부터 현재까지 화산 활동이 일어나고 있는 시대. 또는 인류의 역사적 유물이나 기록물이 나타나지 않는 구석기 이전까지의 시대.

실사 : 균류가 생존을 위해 주위에 퍼뜨리는 거미줄 같은 실.

광합성 : 식물이 잎으로 빛과 이산화탄소를 흡수하여 양분과 산소를 만들어내는 활동.

상리 공생 : 두 생물이 함께 살며 서로 이익을 주고받는 관계.

이끼류 : 물가나 습한 바위에 납작하게 붙어서 자라는 식물.

풍화 작용 : 지각이 비, 바람, 눈, 햇빛 등에 의해 점차 깎이고 부서지는 현상.

양수림 : 햇빛에서 잘 자라는 나무들이 모여서 이루어진 숲.

음수림 : 그늘에서도 잘 자라는 나무들이 모여서 이루어진 숲.

한해살이 : 봄에 싹이 터서 그해 가을에 열매를 맺고 죽는 식물.

두해살이 : 그해에 싹이 나서 자라다가 이듬해에 열매를 맺고 죽는 식물.

툰드라 : 나무가 자라지 않는 시베리아 북쪽의 너른 벌판.

고생대 : 지금으로부터 약 5억 7천만 년 전부터 2억 4천만 년 전까지의 기간으로 식물과 동물이 번성하기 시작했던 시기.

데본기 : 지질 시대의 고생대로 이끼류의 식물이 등장하여 번성하던 시기.

군락 : 같은 종의 식물이 한곳에 무리 지어 사는 것.

식생 : 특정 지역에서 자라는 식물의 분포 상태.

필수 영양소 : 생물이 정상적으로 자라는 데 꼭 필요한 영양 원소. 인체에 꼭 필요한 5대 영양소는 탄수화물, 단백질, 지방, 비타민, 무기질.

화합물 : 서로 다른 두 종류 이상의 원소가 화학적으로 결합하여 만들어진 물질.

무기물 : 생명체가 없는 광물질이나 기체 등으로 유기물과 결합해야 에너지가 되는 물질.

유기물 : 생물체에 의해 에너지가 만들어지는 물질.

질소 순환 : 자연계의 질소가 생물계와 무생물(태양, 물, 공기, 흙 등)계의 여러 경로를 통해 변화하고 옮겨지는 순환 과정.

뿌리혹박테리아 : 콩과 식물의 뿌리에 살면서 질소를 고정시키는 세균.

자양분 : 몸의 양을 좋게 하는 성분.

동화 작용 : 생물이 외부로부터 얻어진 양분을 자기 몸에 맞는 성분으로 변화시키는 작용. 식물은 잎으로 탄소 동화 작용을 하고, 뿌리로 질소 동화 작용을 함.

질화 작용 : 암모니아가 아질산염이나 질산염으로 산화하는 생물 반응.

타이가 : 북반구의 냉대 기후 지역에 나타나는 침엽수림.

영하 : 섭씨온도계에서, 눈금이 0℃ 이하의 온도.

효소 : 생명체 내에서 화학 반응을 도와주는 단백질 촉매제.

리놀레산 : 두 가지 효소로 결합되어 있는 불포화 지방산.

물관 : 식물의 체내에서 물이 이동하는 통로.

겨울잠 : 겨울에 먹이 활동이 어려운 개구리, 뱀, 곰 등의 동물들이 땅속이나 굴속에서 잠을 자는 것. 동면.

실록 : 한 임금이 재위한 동안에 활동했던 일들을 시대순으로 기록해 놓은 책.

아이큐(IQ) : 지능을 측정하여 숫자로 표시하는 지수. 지능 지수.

원시림 : 사람의 손이 가지 아니한 자연 그대로의 숲.

열대야 : 최저 기온이 25℃ 이상인 무더운 밤.

마그마 : 지각 밑에서 뜨거운 액체 상태로 흘러 다니는 암석 물질.

활화산 : 화산 활동이 일어나고 있는 화산. 반대는 휴화산.

석탄 : 고생대의 석탄기 때 식물이 땅속에 묻혀 열과 압력을 받아 생성된 검은 광물질.

산업 혁명 : 기술 혁신으로 농업 사회가 산업 사회로 넘어가는 데 기폭제가 된 개혁 운동.

생태계 : 생물과 무생물이 조화를 이루며 사는 환경.

로드킬 : 동물이나 곤충이 도로에 나왔다가 자동차 등에 치여 죽는 것.